Laurent Jouvet

Le 14 Juillet d'Arthur

Ernst Klett Verlag
Stuttgart · Leipzig

Table des matières

Livre audio et appareil pédagogique

Diese Materialien stehen im Internet, kostenlos zum Herunterladen:
Gib den Code in das Suchfeld auf www.kl......de ..n.

Mehr dazu 🌐 Hier befinden sich das Hörbuch zur Lektüre
bx34dg   und passende Arbeitsblätter.

1 Voilà Arthur!

Nom: Perroquet
Prénom: Arthur
Âge: 11 ans
Habite à: Paris, dix-septième.

Aime / N'aime pas:
Arthur aime les pommes et les oranges. Il aime aussi les carottes. Mais il n'aime pas les gâteaux!
Il aime aussi parler, jouer avec les enfants.

Famille:
– Bertrand Lenoir, le père de Guillaume et Laure. Il est pompier de Paris et prof de judo le soir pour les pompiers.
– Catherine Lenoir, la mère des enfants. Elle est prof au collège Balzac, mais pour le 14 Juillet, elle est chez sa mère, la grand-mère de Guillaume et de Laure.
– Guillaume, 11 ans, en sixième au collège Balzac. Il aime les jeux vidéo et l'allemand au collège.
– Laure, 11 ans, élève avec son frère dans une classe du collège Balzac. Elle aime les mathématiques et parler avec ses copines.
– Il y a aussi la cousine de Guillaume et Laure: Florence, 12 ans, la fille de la sœur de Bertrand. Elle habite à Nice. Elle va venir à Paris pour le 14 Juillet.

2 L'arrivée de Florence

Demain, c'est le 14 Juillet, la Fête nationale en France. Laure et Guillaume vont avec leur père à la gare de Lyon, à Paris. Ils vont chercher Florence, leur cousine. Elle va passer une semaine de vacances avec ses cousins de Paris. Le TGV de Nice arrive sur le quai.

7

3 Entre filles

Quand ils arrivent à la maison, Guillaume et Laure préparent le lit pour Florence dans leur chambre. C'est le lit de Guillaume. Après ils font un lit pour Guillaume au salon.

Pour Guillaume, c'est cool, il y a la télé au salon, mais chut!

L'après-midi, les filles vont dans la chambre et parlent de vêtements.

Laure: Tu portes toujours des vêtements noirs ou gris?

Florence: Euh, oui… Tu n'aimes pas?

Laure: Mais c'est triste! Regarde mon t-shirt rouge! C'est joli, non?

Florence: … Oui, bien sûr!

Laure: On va aller chez Tati et on va trouver quelque chose de joli pour toi!

Florence: Euh, je ne sais pas… C'est quoi Tati?

Laure: C'est un super magasin de fringues! Et ce n'est pas cher!

Florence: Pourquoi pas!

Laure: On va regarder sur Internet.

Alors, les filles, on parle de fringues? Déjà? Ha, ha!

VOTRE MAGASIN DE VÊTEMENTS

Le pull rouge
ou bleu
12€

Le jean bleu
ou noir
25€

La jupe jaune
15€

L'anorak bleu
pour novembre
45€

Pour vos fêtes:
la robe noire
avec strass à 35€

Le pantalon,
gris ou blanc
18€

Les chemises
classiques: bleues,
rouges ou vertes
8€ 5€!

La veste bleue
25€

Et pour aller avec ça:
les baskets 25€
et les chaussures 30€

4 Les crêpes

C'est le soir du 13 juillet, Guillaume et Laure font des crêpes pour Florence et leur père.

La première crêpe, bof…

Après, ça va mieux. Les crêpes sont super. Arthur regarde les enfants… Mais…

Arthur!!!

Une heure après, à table…

Guillaume: Alors Florence, c'est comment ton collège?

Florence: C'est bien. En musique, nous avons chanté pour une comédie musicale au théâtre de Nice. Tout le monde a aimé!

Laure: Vous avez beaucoup travaillé?

Florence: Oh oui! Mais c'est super de faire une comédie musicale avec les copains de classe!

Le père: Et ta mère, Claudine, elle travaille toujours à Nice?

Florence: Oui, mais elle a trouvé un autre travail pour septembre. A 5 minutes de la maison!

Le père: Super! Je vais lui téléphoner demain.

Guillaume: Qu'est-ce qu'on fait pour le 14 Juillet, papa?

Le père: Le matin, je suis sur les Champs-Elysées pour le défilé. Puis le soir, il y a le bal des pompiers dans ma caserne. Mais à 23 heures, on va ensemble au Sacré-Cœur, à Montmartre, pour voir le feu d'artifice de la tour Eiffel!

Laure: On va danser, papa? Moi, j'aime danser, et puis aussi…

Au secours! Au feu!

Guillaume: Qu'est-ce qu'il y a?

Le père: C'est Arthur! Vite! A la cuisine!

5 La catastrophe

Dans la cuisine, c'est la catastrophe! Les enfants ont oublié la poêle des crêpes sur le feu. Il y a le feu dans la poêle et de la fumée dans la cuisine.

Mais le père est pompier, alors il entre dans la cuisine, il met un torchon sur la poêle, et il éteint le feu. Ouf!!

Puis il ouvre la fenêtre pour la fumée, mais…

6 Comment retrouver Arthur?

Les enfants sont très tristes, parce qu'ils aiment beaucoup
Arthur. Ils ont peur pour leur perroquet. Dans le quartier,
il y a des voitures, des chats et des chiens. C'est dangereux
pour Arthur...

Il va peut-être rentrer...

Le père: Je ne sais pas. Mais il va avoir peur dans la rue.
Florence: On met un article dans les journaux?
Guillaume: Papa, appelle la police! Ils vont retrouver Arthur.
Le père: Non, pas la police. Mais on peut téléphoner aux
pompiers. Nous aidons toujours les gens. On cherche aussi
les chats, les chiens. Et les perroquets aussi! Bon, je vais au
salon et je téléphone au 18, le numéro des pompiers. Je vais
raconter notre problème. Je vais aussi parler à mes collègues.
Guillaume: On peut montrer la photo d'Arthur aux personnes
dans le quartier...
Laure: Oui, et on va donner des informations aux gens. Comme
ça, ils vont trouver Arthur et ils vont téléphoner chez nous...
Florence: C'est une bonne idée! Je vais faire une affiche sur
l'ordinateur! Vous êtes d'accord? Et on va mettre l'affiche
dans le quartier, à la boulangerie, dans les cafés... On va
demander une photo d'Arthur à votre père?

Guillaume: Oh oui! Merci Florence! On va retrouver Arthur!

Dix minutes après, Florence a déjà fait une affiche!

Perdu:
Arthur, perroquet

On cherche un perroquet, 11 ans,
plumes rouges, vertes, jaunes et bleues.
Perdu le 13 juillet.

S'il vous plaît, téléphonez au 01 23 54 67 98

Merci!

La famille Lenoir.

7 Le défilé du 14 Juillet

Hier, Arthur a volé par la fenêtre et maintenant il est perdu.
Les enfants sont très tristes. Aujourd'hui, c'est le 14 Juillet, la
Fête nationale en France. Les gens ne travaillent pas et il y a
un grand défilé à Paris.
Monsieur Lenoir est au défilé du 14 Juillet, sur les Champs
Elysées, avec les autres pompiers de Paris.
Les enfants restent à la maison et regardent le défilé à la
télévision.
Dans l'après-midi, ils vont mettre les affiches dans le quartier.
Mais maintenant, ils regardent la télé. Les pompiers portent
des casques: Est-ce qu'ils vont retrouver Bertrand, le père de
Guillaume et Laure, pendant le défilé?

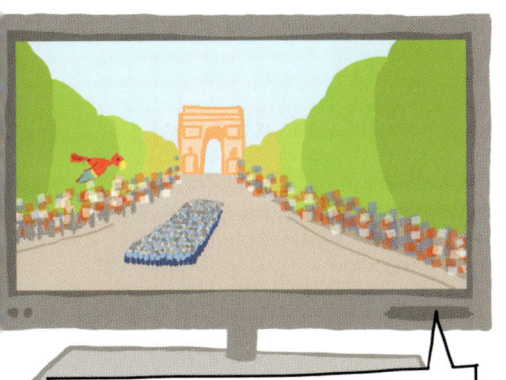

Et voilà les pompiers de Paris,
avec leurs casques... mais...
il y a quelque chose dans le ciel...
Qu'est-ce que c'est? Un attentat?

Ah non... c'est un perroquet!
Pour le 14 Juillet!
Il fait la fête avec nous!

Mais il est fantastique,
ce perroquet!!

...et maintenant, il va vers
l'Arc de Triomphe... Bon, après
les pompiers de Paris, voilà les
militaires de...

Guillaume: Arthur est à l'Arc de Triomphe!

8 Une bonne idée

Les enfants sont si contents, ils dansent devant la télé, ils ont retrouvé Arthur! Mais comment faire? Le père de Guillaume et de Laure n'est pas encore à la maison. Arthur est à l'Arc de Triomphe, mais est-ce qu'il va rester là?

Laure: Qu'est-ce qu'on fait? On va à l'Arc de Triomphe maintenant?

Guillaume: Quoi?! Non, non, papa ne va pas être d'accord. On n'est pas assez grands. On va rester ici, papa va arriver, et puis on va aller ensemble à l'Arc de Triomphe.

Florence: Il a son portable? Alors faites un SMS ou un courriel.

Guillaume: Oui, c'est une bonne idée! Où est mon portable?

Guillaume: Papa arrive dans une heure!

Une heure après…

Le père: Salut les enfants! J'ai une bonne et une mauvaise nouvelle. Voilà la bonne nouvelle: J'ai téléphoné à mes collègues pompiers, ils sont déjà à l'Arc de Triomphe, et ils ont trouvé Arthur sur la terrasse.

Laure: Et la mauvaise nouvelle?

Le père: Arthur a peur. Il refuse d'aller dans la cage des pompiers.

Guillaume: Alors, on fait quoi?

Le père: On va à l'Arc de Triomphe. Mais avant, prenez la cage d'Arthur et une pomme! Allez, vite, préparez-vous!

9 Sur l'Arc de Triomphe

Vingt minutes après, Bertrand, Guillaume, Laure et leur cousine
Florence arrivent à l'Arc de Triomphe.
Voilà les pompiers et Arthur. C'est la catastrophe!

Les Lenoir rencontrent les pompiers sur la terrasse.

Un pompier: Ah! Salut, Bertrand. C'est ton perroquet?
Bertrand: Oui, c'est le perroquet des enfants.
Un pompier: Il aime les gâteaux? Fais attention, maintenant il
  déteste les pompiers!
Bertrand: Non, au contraire! Il déteste les gâteaux, mais il aime
  les pompiers et les pommes! Laure, tu donnes la pomme à
  Arthur, s'il te plaît?
Laure: D'accord.

10 On rentre à la maison

Laure met Arthur dans sa cage. Tiens! Il aime sa cage maintenant! Il est content de retrouver sa famille!

Le père: Bon, on rentre à la maison?
Guillaume: Oui, j'ai faim, moi!
Laure: Et puis on va au bal des pompiers, ce soir, non?

Chez les Lenoir, tout le monde est content! Ils ont retrouvé Arthur!

Le père: On a retrouvé Arthur, c'est génial! On va fêter ça! Demain on va manger des crêpes au restaurant?

Guillaume: Ah non! Pas des crêpes! Après l'histoire avec Arthur, non, pas de crêpes!

Laure: Papa, on va chez Tati, dans la semaine, s'il te plaît? Je voudrais faire un cadeau à Florence! Un t-shirt de couleur!

Le père: C'est une idée sympa. Tu as demandé à Florence? Elle est d'accord?

Florence: Ha, ha! Laure n'a pas aimé mes vêtements gris et noirs! Oui, je voudrais aussi des vêtements de couleur!

Le père: D'accord. On va chez Tati après le 14 Juillet pour fêter ça.

11 Le bal des pompiers

A la caserne des pompiers du papa de Guillaume et Laure,
il y a le bal des pompiers. Monsieur Lenoir ne va pas danser,
mais aider ses collègues au stand, pour les boissons.
Les enfants et ses collègues sont avec lui.

Laure, Guillaume et Florence écoutent le concert avec d'autres enfants des collègues de Bertrand.

12 Chez Tati

Pour le dernier jour des vacances de Florence à Paris, ils vont chez Tati, le grand magasin de vêtements pas chers.

Laure: Viens, Florence, on va regarder les vêtements pour filles!
Guillaume: Papa, il y a des jeux vidéo, ici?
Le père: Non, je ne pense pas. Tu n'as pas envie d'un joli t-shirt? Viens, on va regarder…

Après un long moment, les garçons retrouvent les deux filles…

Le père: Alors, vous avez trouvé des choses intéressantes?
Laure: Oui. Florence, tu montres les vêtements à papa et
   Guillaume?
Florence: D'accord.
Guillaume: Oh là là, ça va être le défilé de mode! Pff…

Laure: Oh, non! Je n'ai pas trouvé un t-shirt de couleur ou un joli vêtement pour ma cousine. Zut!

Le père: Moi, j'ai trouvé quelque chose pour Florence! Mais aussi pour Laure et pour Guillaume!

… Un joli t-shirt avec Arthur! C'est une star, maintenant!

FIN

Liste des mots

Chapitre 1

un nom ein Name

un perroquet ein Papagei

un prénom ein Vorname

un pompier ein Feuerwehrmann

les mathématiques *(f.,pl.)* die Mathematik

un casque ein Helm

🟨🟦 **une casquette** eine Kappe, eine Schirm-mütze

🟨🟦 **un chapeau** ein Hut

une cage ein Käfig

🟦 **un jouet** ein Spielzeug

🟨🟦 **rouge/rouge** rot

🟨🟦 **jaune/jaune** gelb

🟨🟦 **vert/verte** grün

🟨🟦 **blanc/blanche** weiß

🟨🟦 **bleu/bleue** blau

Chapitre 2

🟨🟦 **une arrivée** eine Ankunft

🟨🟦 **une fête** ein Fest, eine Party

🟨🟦 **une fête nationale** ein Nationalfeiertag

🟨🟦 **une gare** ein Bahnhof

une semaine eine Woche

🟨🟦 **les vacances** *(f.,pl.)* der Urlaub, die Ferien

🟨🟦 **le TGV** der TGV

🟦 **un quai** ein Bahnsteig

🟨🟦 **un vêtement** ein Kleidungsstück

🟨🟦 **triste/triste** traurig

🟨🟦 **noir/noire** schwarz

le noir das Schwarz; die Farbe schwarz

🟨🟦 **gris/grise** grau

Chapitre 3

🟨🟦 **entre** zwischen

🟦 **faire le lit** das Bett machen

🟨🟦 **joli/jolie** hübsch, nett

c'est quoi ... was ist denn das ...

les fringues *(f. pl.) ugs.* die Klamotten

ce n'est pas cher es ist nicht teuer

🟨🟦 **un pull** ein Pulli

🟨🟦 **un jean** eine Jeans

🟨🟦 **une jupe** ein Rock

🟨🟦 **un anorak** ein Anorak

🟨🟦 **une robe** ein Kleid

🟦 **le strass** der Strass *(Glitzerperlen usw.)*

- un pantalon eine Hose
- une chemise ein Hemd
- une veste eine Jacke
- une basket ein Turnschuh
- une chaussure ein Schuh

Chapitre 4

ça va mieux es geht besser
une comédie musicale ein Musical
- autre/autre anderer/andere/anderes
un travail eine Arbeit
- téléphoner à qn mit jemandem telefonieren, jemanden anrufen
- un défilé ein Umzug, eine Parade
- un bal ein Ball, ein Fest
voir sehen
- un feu/des feux ein Feuer, Feuer (pl.)
- un feu d'artifice ein Feuerwerk
- la tour Eiffel der Eiffelturm
- danser tanzen
Au secours! Hilfe!
Au feu! Feuer!

Chapitre 5

- oublier qc etwas vergessen
une poêle eine Pfanne
la fumée der Rauch
un torchon ein Tuch
une fenêtre ein Fenster
- mettre qc etwas legen/setzen/stellen; etwas anziehen
il éteint hier: er löscht
il ouvre er öffnet

Chapitre 6

- très sehr
- avoir peur Angst haben
dangereux/dangereuse gefährlich
- peut-être vielleicht
- un journal/des journaux eine Zeitung
- aider qn jemandem helfen
- les gens die Leute
- un problème ein Problem
- parler à mit jemandem sprechen
- montrer qc à qn jemandem etwas zeigen
- une personne eine Person
- donner qc à qn jemandem etwas geben
- bon/bonne gut
- demander (qc) à qn jemanden nach etwas fragen, jemanden um etwas bitten
perdu (lexikalisch) verloren
une plume eine Feder

Chapitre 7

- hier gestern
voler fliegen
par la fenêtre durch das Fenster
- rester bleiben
- pendant während
- surtout vor allem
- enfin schließlich, endlich
une ville eine Stadt
- le ciel der Himmel
- aller vers qn/qc auf jemanden/etwas zugehen

Chapitre 8

- **si** so
- **content/contente** zufrieden
- **Quoi?** Was?
- **assez** genug; ziemlich
- **grand/grande** groß
- **un courriel** eine E-Mail
- **petit/petite** klein
- **mauvais/mauvaise** schlecht
  une nouvelle eine Nachricht
- **avant** vor

Chapitre 9

- **rencontrer qn** jemanden treffen, jemandem begegnen
  au contraire ganz im Gegenteil

Chapitre 10

- **génial/géniale** super, genial
- **fêter qc** etwas feiern
- **une couleur** eine Farbe

Chapitre 11

- **une boisson** ein Getränk
- **un concert** ein Konzert
- **un chanteur/une chanteuse** ein Sänger/ eine Sängerin
- **faire la fête** feiern
  tout le temps ständig

Chapitre 12

- **dernier/dernière** letzter/letzte/letztes
  cher/chère teuer
- **penser** denken
- **joli/jolie** hübsch, nett
- **long/longue** lang
- **intéressant/intéressante** interessant
- **court/courte** kurz
- **un sweat-shirt** ein Sweatshirt
- **une ceinture** ein Gürtel
- **une poche** eine Tasche, eine Hosentasche